Serie Ciclos de vida

El ciclo de vida de la
abeja

Bobbie Kalman

 Crabtree Publishing Company

www.crabtreebooks.com

Serie Ciclos de vida

Un libro de Bobbie Kalman

Dedicado por Margaret Amy Reiach
Para Kara Green, la obrera más atareada y la amiga más dulce

Autora y editora en jefe
Bobbie Kalman

Investigación
Katherine Balpataky

Editoras estructurales
Amanda Bishop
Kathryn Smithyman

Editoras
Molly Aloian
Kelley MacAulay
Rebecca Sjonger

Director artístico
Robert MacGregor

Diseño
Margaret Amy Reiach

Coordinación de producción
Heather Fitzpatrick

Investigación fotográfica
Crystal Foxton

Consultora
Patricia Loesche, Ph.D., Programa sobre el comportamiento de animales, Departamento de Psicología, University of Washington

Fotografías
Diane Payton Majumdar: portada (abeja)
© stephenmcdaniel.com: página de título, páginas 7, 8, 9, 10, 12, 14 (parte superior), 15, 16, 17, 19, 20, 21, 22, 23, 24, 26, 27, 28, 30, 31
Visuals Unlimited: Bill Beatty: página 4;
 R. Williamson/L.J. Connor: página 13;
 E.S. Ross: página 14 (pie);
 William J. Weber: páginas 18, 25;
 Inga Spence: página 29
Otras imágenes de Digital Vision

Ilustraciones
Margaret Amy Reiach: página 11 (pie de página y derecha), 25 (pie de página), 31
Bonna Rouse: portada y contraportada, logotipo de la serie, página de título, páginas 5, 6, 7, 8, 9, 10, 11 (parte superior e izquierda), 12, 14, 15, 16, 17, 18, 22, 23, 25 (parte superior), 27, 28, 29, 30, 31

Traducción
Servicios de traducción al español y de composición de textos suministrados por translations.com

Crabtree Publishing Company

www.crabtreebooks.com   1-800-387-7650

Copyright © **2005 CRABTREE PUBLISHING COMPANY**. Todos los derechos reservados. Se prohíbe la reproducción total o parcial de esta obra, su almacenamiento en sistemas de recuperación o su transmisión en cualquier forma y por cualquier medio, ya sea electrónico o mecánico, incluido el fotocopiado o grabado, sin la autorización previa por escrito de Crabtree Publishing Company. En Canadá: Agradecemos el apoyo económico del Gobierno de Canadá a través del programa *Book Publishing Industry Development Program* (Programa de desarrollo de la industria editorial, BPIDP) para nuestras actividades editoriales.

Library of Congress Cataloging-in-Publication Data

Kalman, Bobbie, 1947-
 [Life cycle of the honeybee. Spanish]
 El ciclo de vida de la abeja / written by Bobbie Kalman.
  p. cm. -- (Serie ciclos de vida)
 Includes index.
 ISBN-13: 978-0-7787-8666-5 (rlb)
 ISBN-10: 0-7787-8666-8 (rlb)
 ISBN-13: 978-0-7787-8712-9 (pbk.)
 ISBN-10: 0-7787-8712-5 (pbk.)
 1. Honeybee--Life cycles--Juvenile literature. I. Title.
 QL568.A6K3518 2005
 595.79'9--dc22
                                2005003275
                                LC

Publicado en los Estados Unidos
PMB16A
350 Fifth Ave.
Suite 3308
New York, NY
10118

Publicado en Canadá
616 Welland Ave.,
St. Catharines, Ontario
Canada
L2M 5V6

Publicado en el Reino Unido
73 Lime Walk
Headington
Oxford
OX3 7AD
United Kingdom

Publicado en Australia
386 Mt. Alexander Rd.,
Ascot Vale (Melbourne)
V1C 3032

Contenido

¿Qué son las abejas?

Las abejas son **insectos**. Los insectos son **invertebrados**, es decir, animales que no tienen columna vertebral. En su lugar, tienen una cubierta dura llamada **exoesqueleto** que les recubre el cuerpo. A diferencia de muchos otros insectos, la abeja es un ser **social**. Vive en **colonias** o grupos. Cada colonia de abejas construye una **colmena** en la que vive.

*Hay más de 25,000 **especies** o tipos diferentes de abejas. Sólo ocho especies de abejas son abejas melíferas. Este libro describe el ciclo de vida de una abeja melífera común u occidental.*

zángano

obrera

reina

Tipos de abejas

Hay tres tipos de abejas: **obreras**, **zánganos** y **reinas**. Las abejas obreras son hembras. Son las abejas más pequeñas. Realizan muchas tareas: construyen, limpian y protegen la colmena, cuidan a las abejas jóvenes y **acicalan**, o limpian, a la reina. También recogen **polen** y **néctar** fuera de la colmena y los convierten en alimento para toda la colonia.

Los zánganos son las abejas macho. Pasan la mayor parte del tiempo dentro de la colmena pero no trabajan. Su único trabajo es **aparearse**, o unirse con la reina para que ésta ponga huevos. Solamente una reina vive en cada colonia. Es la abeja más grande. La reina pone los huevos de los que **nacerán** nuevas abejas.

En general hay varios miles de abejas obreras en una colmena, pero sólo unos pocos zánganos.

Cuerpo trabajador

El cuerpo de las abejas consta de tres secciones: cabeza, **tórax** o tronco y **abdomen** o parte inferior. Cada sección tiene muchas partes importantes. Las diferentes partes del cuerpo de una abeja cumplen **funciones** especiales. Mira el siguiente diagrama para aprender cómo funciona el cuerpo de las abejas.

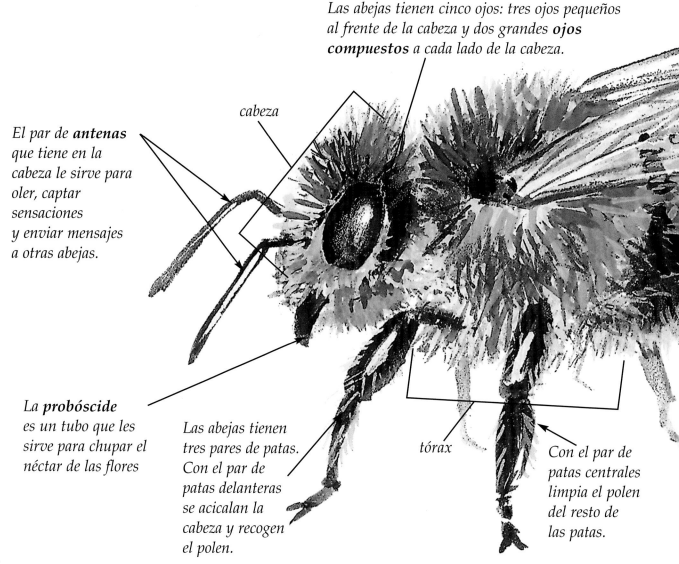

*Las abejas tienen cinco ojos: tres ojos pequeños al frente de la cabeza y dos grandes **ojos compuestos** a cada lado de la cabeza.*

cabeza

*El par de **antenas** que tiene en la cabeza le sirve para oler, captar sensaciones y enviar mensajes a otras abejas.*

*La **probóscide** es un tubo que les sirve para chupar el néctar de las flores*

Las abejas tienen tres pares de patas. Con el par de patas delanteras se acicalan la cabeza y recogen el polen.

tórax

Con el par de patas centrales limpia el polen del resto de las patas.

Árbol genealógico de la abeja

Las abejas melíferas pertenecen a un grupo de insectos llamado *Hymenoptera*, que abarca las hormigas, las avispas y otras abejas. Todos estos insectos tienen alas muy delgadas y transparentes. Al volar, las abejas mueven las alas rápidamente. Pueden alcanzar una velocidad de 15 millas por hora (24 km/h).

Las abejas tienen un par de alas en el tórax.

abdomen

Cada pata trasera tiene una parte especial llamada **corbícula***, que es como una cesta para el polen. Si deseas más información, consulta la página 25.*

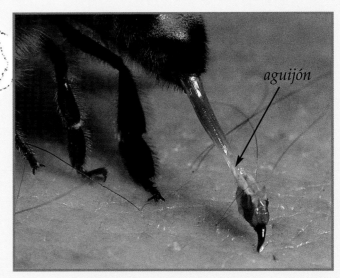

aguijón

Picadura

Las hembras tienen un **aguijón** que usan para protegerse. Introducen el aguijón en otros animales y les inyectan **veneno**. Las obreras sólo pueden usar el aguijón una vez. Al salir volando después de picar, el aguijón se les desprende del cuerpo. Las abejas obreras mueren poco después de picar, pero el aguijón de la abeja reina nunca se desprende después de picar. Su aguijón también es un **ovipositor**, es decir, un tubo que usa para poner huevos.

¿Dónde viven las abejas?

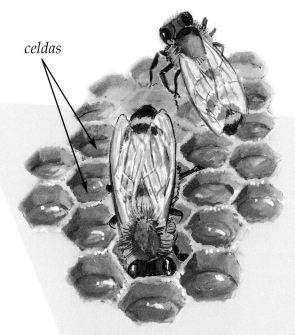

celdas

Las celdas de la colmena tienen muchos usos, entre ellos el almacenamiento de alimentos.

Las colmenas son lugares llenos de actividad. Están muy bien construidas para satisfacer todas las necesidades de la colonia. Cada colmena es a la vez nido, hogar y fábrica de alimentos.

La fabricación de la cera

Las colmenas están hechas de **cera de abejas**, que es una sustancia producida por el cuerpo de estos insectos. Las obreras producen la cera en escamas, que luego ablandan con **saliva** y moldean con las patas delanteras y las **mandíbulas**.

Hora de batir las alas

Las obreras baten las alas al trabajar. El calor producido por el movimiento de los músculos calienta el aire de la colmena. Es fácil moldear la cera a altas temperaturas. Las obreras mantienen la colmena a una temperatura ideal: cerca de 95 grados Fahrenheit (35 °C).

Celda resistente

Una vez que han preparado la cera, las obreras comienzan a trabajar. Con la cera construyen celdas **hexagonales**, es decir, de seis lados. Esta forma les da a las celdas la resistencia suficiente para sostener hasta 25 veces su propio peso. Hay alrededor de 100,000 celdas en una colmena. Están bien apiñadas para formar un **panal**, o conjunto de celdas. Las celdas están ubicadas una al lado de la otra de manera que no se desperdicie espacio entre ellas.

En la colmena

Las celdas de una colmena tienen diferentes usos. Las que se encuentran cerca del centro se usan para criar a las abejas jóvenes. Las que están alrededor de las celdas centrales almacenan alimentos. Durante el día y la noche, miles de obreras corren de celda en celda para asegurarse de que se cumplan todas las tareas.

Algunas abejas viven en colmenas construidas por **apicultores**. *Si deseas más información sobre los apicultores, consulta la página 27.*

¿Qué es un ciclo de vida?

Todos los animales pasan por una serie de cambios que se llama **ciclo de vida**. Primero, nacen del cuerpo de la madre o salen de un huevo. Luego crecen y se convierten en adultos. Cuando son adultos, los animales pueden tener crías. Cuando la cría nace, comienza un nuevo ciclo de vida.

Corta vida

El ciclo de vida de un animal no es igual a su **período de vida**. El período de vida es el tiempo en que un animal está vivo. Los tres tipos de abejas tienen períodos de vida diferentes y las abejas que nacen en la primavera tienen períodos de vida más cortos que las que nacen en el otoño. Las obreras viven entre 20 y 340 días, según la fecha en que hayan nacido. Los zánganos viven entre 20 y 90 días. Las reinas viven más tiempo que los zánganos y las obreras. Pueden vivir hasta cuatro o cinco años, independientemente de la época del año en la que nacieron.

Del huevo a la edad adulta

Las abejas comienzan su ciclo de vida en el huevo. Las **larvas** salen de los huevos. Al poco tiempo comienzan el proceso de **metamorfosis**, que es un cambio total del cuerpo. Se convierten en crisálidas o **pupas**. La metamorfosis se completa cuando la pupa se convierte en adulto. Las abejas adultas son **maduras**, es decir, están desarrolladas por completo.

El período de tiempo que se necesita para completar estas etapas es diferente en cada tipo de abeja. Una obrera requiere cerca de 20 días para completar su ciclo de vida. Un zángano necesita hasta 24 días. El ciclo de vida de una reina sólo dura alrededor de 15 días. Cuando la reina pone huevos, el ciclo de vida comienza con cada huevo.

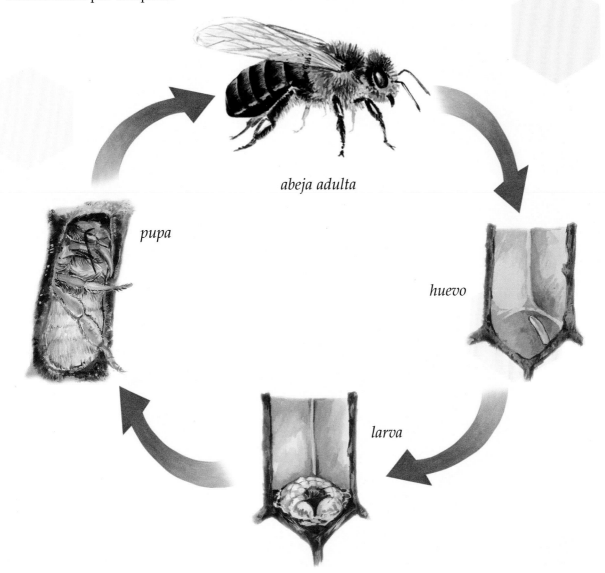

abeja adulta

pupa

huevo

larva

El lugar perfecto

La reina de la colonia pone todos los huevos de la colmena. Siempre hay muchos huevos en la colmena porque la reina pone hasta 1,500 por día. Todos los días busca en la colmena **celdas de cría vacías**, o celdas en las que puede poner huevos. Sólo usa aquellas celdas que las obreras han limpiado meticulosamente.

La reina pone un solo huevo en cada celda de cría. El huevo se pega a la pared de la celda con una sustancia pegajosa llamada **mucosidad**. Dentro del huevo hay un pequeño **embrión** de abeja y una **yema**. La yema es el alimento del embrión.

Cada huevo de abeja mide tan sólo alrededor de un dieciseisavo de pulgada (0.2 cm) de largo.

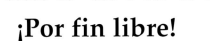

¡Por fin libre!

Después de tres días, la larva sale del huevo. A diferencia de otros animales, la nueva larva de abeja no rompe la **membrana del huevo**, que es una cáscara blanda. En cambio, la membrana se **disuelve**, o se descompone en un líquido. La larva recién nacida tiene una apariencia similar a la del huevo en forma, tamaño y color.

Las abejas que nacen de estos huevos permanecen en sus celdas durante las primeras tres etapas de su ciclo de vida.

Pequeñas larvas

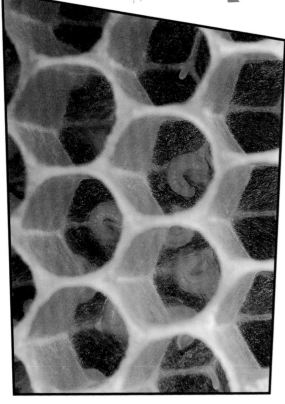

La etapa de larva dura de seis a ocho días para las reinas, seis días para las obreras y seis a siete días para los zánganos.

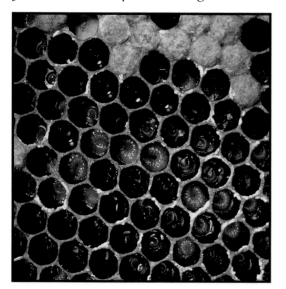

Las larvas de las abejas no tienen ojos, alas, patas ni antenas porque todavía no necesitan estas partes. La etapa de larva del ciclo de vida tiene un solo objetivo: alimentarse. Las larvas comen la mayor cantidad de alimento posible para crecer. Si no comen el tipo y la cantidad apropiada de alimentos, se pueden convertir en adultos pequeños o tener un período de vida más corto que el normal.

Alimentación constante

Las diminutas larvas blancas se alimentan constantemente de los alimentos que les proporcionan las obreras llamadas **abejas nodrizas**. Éstas alimentan a las larvas con una mezcla llamada **comida de cría**. Contiene sustancias que provienen del cuerpo de las obreras, agua y miel, que sólo producen las abejas. A medida que las larvas crecen, también pueden alimentarse del **pan de abejas**, una combinación de miel y polen que ha sido preparada como alimento. Cada larva recibe al día cientos de pequeñas comidas de las abejas nodrizas.

Jalea real

Las larvas de reina comen un tipo especial de comida para cría llamada **jalea real**. Esta sustancia tiene mayor cantidad de miel que otros tipos de comidas de cría. La reina se alimenta de jalea real en abundante cantidad durante todo su ciclo de vida.

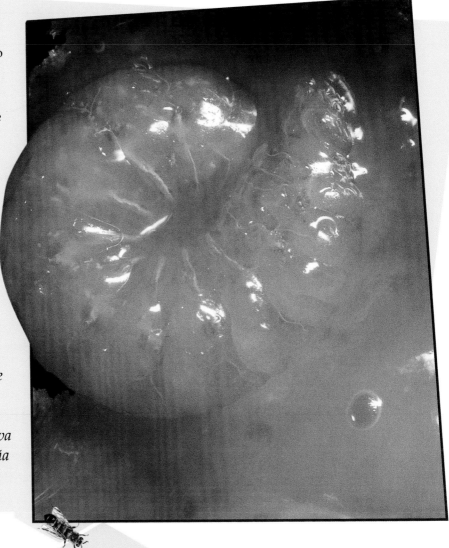

Una larva de reina, que aparece a la derecha, es apenas más grande que una larva de zángano, mientras que una larva de obrera es apenas más pequeña que una larva de zángano.

Piel ajustada

Las larvas se alimentan y crecen de manera constante durante varios días, pero la piel no les crece al mismo ritmo. Las larvas deben **mudar**, o cambiar de piel, de manera que su cuerpo tenga espacio para crecer. Cuando una larva ya ha mudado cuatro veces de piel, las obreras hacen una **tapa** de cera, o cubierta, alrededor de la celda y la sellan. Después de tapar la celda, la larva se estira y teje un **capullo**, o envoltura de seda, alrededor de su cuerpo. Pasa los siguientes días dentro del capullo, en el que comienza su metamorfosis.

Había una vez una abeja...

Mientras está en el capullo, la abeja deja de ser larva y se convierte en pupa. El cuerpo de la pupa está desarrollado casi por completo, excepto por las alas. El color se oscurece y el interior cambia. La pupa completa entonces la quinta y última muda del ciclo de vida. Este último cambio de piel la convierte en una abeja adulta.

La pupa de un zángano (arriba) muda de piel por última vez para convertirse en adulto (abajo).

Y de repente sale…

El cuerpo de la nueva abeja adulta es blando, por lo que debe esperar en su celda tapada durante varias horas hasta que se endurezca. Cuando la abeja está lista, mastica cuidadosamente el borde de la tapa de cera para separarla de la pared. Las obreras luego recogen las tapas de cera y las vuelven a usar en otras partes de la colmena.

Al aire libre

Cuando la abeja logra salir trabajosamente de su celda, estira las antenas y alas y espera a que se le sequen los pelos del cuerpo. Las obreras luego traen alimentos para la nueva abeja adulta y comienzan a acicalarla.

Esta nueva abeja adulta acaba de salir de su celda. Ahora debe descansar un rato. Las obreras se reúnen alrededor de ella. La cuidarán hasta que pueda cuidarse sola.

Abeja adulta

Las nuevas abejas adultas pueden tener una apariencia muy diferente de la que tuvieron durante su etapa de larva, ¡pero continúan hambrientas! Las obreras, los zánganos y las reinas necesitan de mucha comida en sus primeros días de vida adulta.

Su cuerpo alcanza el tamaño total, pero el interior continúa en desarrollo durante los siguientes días. Para poder ser adultos sanos, las obreras comen polen y miel; los zánganos, comida de cría y las reinas, jalea real. Una colonia exitosa necesita adultos saludables.

En este panal ajetreado, es fácil identificar a la reina. Un apicultor la ha marcado con una etiqueta azul.

Trabajar para ganarse la vida

La buena salud de las reinas y zánganos adultos garantiza que habrá muchos huevos. La mayoría de los huevos se transforman en obreras. Las abejas obreras hacen funcionar la colmena. Su trabajo cambia a medida que envejecen, de manera que las obreras son necesarias para la colmena durante todas sus etapas de desarrollo. En los primeros días de vida, la obrera limpia celdas y ayuda a mantener calientes las celdas de cría. Luego se convierte en una abeja nodriza.

Su función es ayudar a alimentar a las larvas. Posteriormente, ayuda a construir la colmena y a transportar alimento y cera donde se necesiten. Luego se convierte en una **abeja guardiana**. Las abejas guardianas protegen la entrada de la colmena. Durante los últimos días de vida, las obreras son **abejas pecoreadoras**. Dejan la colmena para recoger néctar y polen. Luego transportan el néctar y polen a la colmena para transformarlos en alimento para toda la colonia.

Las abejas guardianas observan a cada animal que trata de entrar a la colmena, como se muestra arriba. Si un intruso, como una avispa o polilla, trata de entrar, las abejas guardianas emiten un **aroma** *u olor especial para alertar a la colonia. Luego, sacuden las alas, agitan las patas, muerden o pican para detener al intruso.*

Apareamiento

Cuando la reina llega a la madurez se prepara para aparearse con un zángano. El cuerpo de los zánganos maduros produce un líquido llamado **esperma**, que se usa para la **reproducción**, es decir, para la formación de crías. El esperma **fertiliza** los huevos que están dentro del cuerpo de la reina.

En acción

Cuando la reina está lista para aparearse, abandona la colmena y vuela hasta un área de apareamiento elegida por los zánganos. Allí puede aparearse con 15 a 20 zánganos antes de regresar a la colmena. La reina almacena el esperma de los zánganos en su cuerpo, de manera que no tiene que aparearse nuevamente durante el resto de su vida. Los zánganos no viven mucho tiempo después de aparearse.

Cuando los zánganos están listos para aparearse, abandonan la colmena y esperan a reunirse con una reina.

Huevos para obreras y zánganos

La reina regresa a la colmena después de aparearse e inmediatamente comienza a poner huevos. De los **huevos fertilizados**, que son los que han estado en contacto con el esperma, nacen obreras hembras. Los **huevos que no han sido fertilizados** son los que nunca han estado en contacto con el esperma de los zánganos. De estos huevos nacen zánganos.

Las reinas nacen de huevos especiales. Pasa a la página 22 para aprender más sobre los huevos de reinas.

Una nueva colmena

La primera reina que abandona la celda generalmente mata a las demás reinas picándolas con el aguijón a través de las tapas de cera.

La mayoría de las colmenas tienen una reina y el suficiente espacio para sólo una cierta cantidad de abejas. Cuando hay demasiadas abejas en la colmena, muchas de ellas se preparan para **enjambrar**, es decir, para abandonar la colmena en grupo. Algunas de las obreras construyen celdas especiales de cría para reinas, que son más grandes que las celdas normales de cría y alimentan a las larvas con jalea real.

¡Y allí van!

Cuando las reinas en desarrollo están casi listas para abandonar sus celdas de cría, la reina vieja se va, seguida por miles de obreras. Las abejas que permanecen en la colmena esperan que la primera reina en desarrollo salga de su celda. Esta abeja se convierte en la nueva reina de la colonia.

Un enjambre abandona la colmena y se reúne cerca de ésta.

Al aire libre

El enjambre se prepara para buscar un nuevo hogar. Primero se reúne en un objeto grande, como la rama de un árbol. Algunas obreras llamadas **abejas exploradoras** comienzan a buscar un buen **lugar para anidar** o colocar la nueva colmena. Pueden pasar horas o incluso días tratando de encontrar un sitio seguro y escondido, como un árbol hueco o la grieta de una pared.

Al encontrar un buen lugar, las abejas exploradoras regresan al enjambre y realizan una danza para informarle a la colonia el lugar en donde éste se encuentra. En cuanto el enjambre llega al nuevo lugar para anidar, las abejas comienzan a construir una colmena.

En América del Norte, las abejas enjambran en mayo o junio y así tienen tiempo suficiente para construir una nueva colmena, aparearse y prepararse para el invierno.

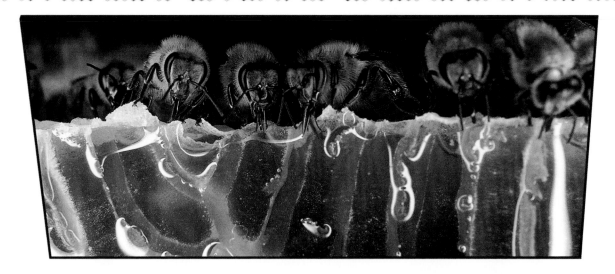

Banquetes de abejas

Las obreras deben encontrar mucha comida para poder alimentar a toda la colonia. Preparan muchos tipos de alimentos, pero son famosas por la miel. Solamente las abejas melíferas pueden usar el néctar de las flores para hacer miel. ¿Cómo lo hacen?

Encontrar el néctar

Las obreras **cooperan**, o trabajan en conjunto, para ubicar el alimento. Cuando una obrera encuentra una buena fuente de alimento, usa su probóscide para llegar al interior de la flor y extraer el néctar. Luego la abeja regresa a la colmena para informarles a las otras obreras dónde encontrar la comida.

Servicio a domicilio

La abeja pecoreadora recoge el néctar en el **estómago para miel**, una parte especial del cuerpo en la que almacena alimento. Cuando este estómago está lleno, la obrera transporta el néctar a la colmena y se lo entrega a otras obreras, que luego lo convierten en alimento.

¡A bailar!

Las abejas usan movimientos para comunicarse con el resto de la colonia. Cuando las abejas pecoreadoras regresan a la colmena después de buscar alimento, realizan movimientos especiales para informar a las otras obreras dónde pueden encontrarlo. Ejecutan una **danza circular** para mostrar que el néctar se encuentra cerca. Cuando el néctar está lejos, las abejas pecoreadoras realizan una **danza vigorosa y oscilante** para indicar la distancia hacia el néctar y la dirección en la que se encuentra.

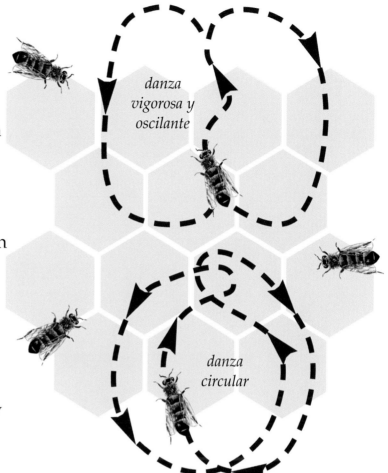

danza vigorosa y oscilante

danza circular

Buenas socias

Las abejas comen polen para obtener **proteínas**. Las abejas pecoreadoras recogen el polen de las flores y lo almacenan en las corbículas de las patas, que son como cestas. Cuando las corbículas están llenas, las abejas regresan a la colmena y almacenan el polen en celdas de cría. A menudo el polen adicional se les pega a los vellos del cuerpo y a las antenas. Este polen se transporta a todas las otras plantas que la abeja visita. El movimiento del polen es importante porque muchas plantas necesitan del polen de otras plantas de su especie para reproducirse. Las abejas **polinizan** las plantas transportando granos de polen de una planta a otra.

corbícula

La estación finaliza

Cuando se acerca el invierno, el aire se torna demasiado frío para las abejas. Deben pasar los meses más fríos dentro de la colmena. No pueden abandonarla para recoger alimento. Las obreras se preparan para el invierno preparando mucha comida adicional. La reina pone menos huevos durante este período, de manera que hay espacio para almacenar el alimento.

Protegerse del frío

A medida que la temperatura exterior baja, las obreras sellan todas las grietas de la colmena. Para sellar cada sitio que pueda dejar entrar el aire frío usan sustancias pegajosas de las plantas llamadas **resinas**. Una vez que se sella la colmena, las obreras se apiñan unas contra otras. Comienzan a agitar los músculos de las alas para que sus cuerpos despidan calor. Esto calienta la colmena. Las obreras continúan el movimiento de las alas hasta la primavera, cuando el aire se torna más cálido.

Los zánganos no viven en la colmena durante el invierno. Si la reina pone un huevo de zángano, las obreras se lo comen. Si nace una larva de zángano, las obreras la arrastran fuera de la colmena. Los zánganos adultos no reciben comida, de manera que al poco tiempo mueren.

Apicultores

Una colonia almacena hasta el triple de la miel que necesita para el invierno. Durante cientos de años, los apicultores han **cosechado**, o recogido, la miel adicional de las colmenas y la venden como alimento. También cosechan cera, jalea real ¡e incluso veneno! Estas sustancias se usan en medicamentos para curar enfermedades humanas.

El apiario

Como las colmenas naturales no son de fácil acceso para los seres humanos, los apicultores construyen sus propias colmenas y colocan colonias en ellas. Una colmena de madera se llama **apiario**. Cada apiario tiene bandejas de madera con celdas en las que las abejas almacenan la miel. Durante la cosecha, el apicultor se pone un traje protector, quita las bandejas y recoge la miel y la cera adicionales.

Los apicultores conservan varias colonias de abejas en bandejas de madera llamadas **colmenas de paja.**

Peligros para las abejas

En la actualidad, las abejas enfrentan muchos peligros. Quedan pocas poblaciones de abejas silvestres en América del Norte. Se encuentran **en peligro de extinción** en muchos países. Las especies en peligro de extinción corren el riesgo de desaparecer.

Buenos sitios

Hoy la mayoría de las colonias de abejas del mundo se conservan en colmenas construidas especialmente por apicultores. Las abejas silvestres deben encontrar sus propios lugares para anidar, pero resulta difícil encontrar buenos sitios. La pérdida del **hábitat**, o lugar natural en donde viven, dificulta que los enjambres encuentren nuevos hogares.

Flores silvestres

Las abejas y las plantas se necesitan unas a otras para sobrevivir. Sin el néctar y el polen de las plantas, las abejas no tendrían alimento. Si las abejas no polinizaran las plantas, muchas de ellas no podrían reproducirse. A medida que se construyen edificios, carreteras y granjas, las plantas silvestres tienen cada vez menos lugares para crecer. Las flores silvestres desaparecen, de la misma forma en que desaparecen las abejas.

Introducción de plagas

A veces se **introduce** una especie de una parte del mundo en el hábitat de otro animal. Las abejas se ven amenazadas por estas especies, como las polillas de cera y los ácaros varroa. Las polillas de cera provienen de Rusia. Ingresan en las colmenas y allí ponen huevos.

Cuando las larvas salen de los huevos, destruyen la colmena al comerse la cera y la miel. Los ácaros varroa provienen de Asia. Son bichos diminutos que viven en las abejas y se alimentan de sus huevos y larvas. Los científicos de muchas partes del mundo están estudiando las polillas de cera y los ácaros de varroa para encontrar formas de proteger a las abejas.

*Muchas abejas mueren porque recogen el polen de flores que han sido rociadas con **pesticidas**. Estos productos químicos se usan para matar pestes, pero también matan insectos útiles. Un jardín sin productos químicos es más seguro para todos los seres vivos.*

Ayudar a las abejas

*Algunas personas son **alérgicas** al veneno de las abejas. Por eso deben evitar la picadura de estos insectos. La mayoría de las abejas sólo pican si se sienten amenazadas.*

Las abejas son criaturas sorprendentes que nos ayudan mucho. Cualquier persona que disfruta el sabor de la miel o que admira las flores silvestres sabe lo importantes que son las abejas. Puedes ayudar informando a otras personas por qué las abejas forman parte importante del mundo natural.

¡Dejemos en paz a las abejas!

Cuando se protegen los lugares naturales, las abejas pueden encontrar las plantas que necesitan para alimentarse y los sitios que necesitan para anidar sin molestar a los humanos. Convence a tu familia, amigos y vecinos de evitar acercarse a las abejas silvestres y a sus colmenas. Alienta a la gente que conoces a que plante más árboles y flores. Pídeles a tus padres que no usen pesticidas ni otros productos químicos en el jardín o patio de tu casa, ya que pueden hacer daño a las abejas y a otros animales.

¡Únete a la onda de las abejas!

Puedes ayudarles a los apicultores de tu comunidad al comprar su miel y otros productos, tales como esta vela de cera de abejas que ves a la izquierda. Puedes hacer una búsqueda en Internet o visitar la biblioteca para aprender más sobre las abejas y la apicultura.

Glosario

Nota: Es posible que las palabras en negrita que están definidas en el texto no aparezcan en el glosario.

alérgico Palabra que describe a la persona cuyo cuerpo reacciona de manera negativa ante una sustancia, como el veneno de la abeja

apicultor Persona que cría abejas

colmena Hogar de una colonia de abejas

embrión Animal que se desarrolla dentro de un huevo

fertilizar Agregar esperma a un huevo

insecto Animal sin columna vertebral y con seis patas

néctar Líquido dulce que se encuentra en las flores

obrera Abeja hembra que trabaja de manera constante para conservar la colmena y cuidar a las abejas jóvenes

ojos compuestos Ojos que están hechos de miles de omatidios (especie de lentes) diminutos

pesticida Producto químico que mata insectos

polen Sustancia producida por las plantas para reproducirse

proteína Sustancia que fortalece el cuerpo de un animal

reina La única hembra de la colonia de abejas que produce larvas

salir del huevo Completar la primera etapa del ciclo de vida, si éste ha comenzado en el huevo

saliva Líquido que disuelve la comida

social Animal que vive en grupo

zángano Abeja macho

Índice

1 2 3 4 5 6 7 8 9 0 Impreso en Canadá 4 3 2 1 0 9 8 7 6 5